はたらくきほん100
毎日がスタートアップ

松浦弥太郎

野尻哲也

装丁　　　　　　櫻井久（櫻井事務所）
イラストレーション　　SANDER STUDIO
編集協力　　　　青木由美子

contents

はたらくきほん100
<u>5</u>

リーダーのきほん100
<u>225</u>

あなたのきほん100
<u>429</u>

松浦弥太郎_m　野尻哲也_n

はたらくきほん100

はたらくきほん100

　ビジネスを仕事にするのか。仕事をビジネスにするのか。その違いは大きいと思う。
　ビジネスとは利益を出すことであり、仕事とは、世の中の困っている人を助けることである。
　自分はどちらを選ぶのか。あなたはどうか。
　僕は仕事をビジネスにすることを選びたい。優先するべきことは、世の中の困っている人を助けることだと思っているからだ。そのために、工夫と発案、努力と学び、責任と約束、チャレンジを、日々繰り返してきた。
　そんな日々は、正直、失敗だらけで、自分のいたらなさで、思うままにいかないことだらけだ。
　しかし、失敗や思うままにいかないことは、それだけ大きな価値に自分が向き合っているんだと思うようにしている。失敗や思うままにいかないことは、もうワンステップ成長できるチャンスであると。
　そんな「仕事をビジネスにする」というフィールドにおいて、ふと気づかされたり、痛感したり、立ち返ったり、学んだり、確かめてきた、いわば「き

ほん」と呼べるものが、たくさんある。

　ある日、そのひとつひとつを、(株)おいしい健康・共同CEOである野尻哲也氏と、とことん語り合った。

　仕事に悩んだり、行き詰まったり、困った時、僕らは、どうやって、新しい一歩を踏み出してきたのか。たくさんの失敗と挫折を、どうやって、ぐっと歯を食いしばって乗り越えてきたのか。

　そのひとつひとつの「きほん」を、「はたらくきほん　リーダーのきほん」としてまとめたのが本書である。

「成功の反対は失敗ではなく何もしないこと」。この言葉が僕は大好きだ。では、何をしたらよいのか。するべきなのか。ここにある「きほん」が、そのヒントとなり、力になると信じている。

　この一冊を手にとってくれた、みなさんの仕事の日々に、少しでも役に立てたらうれしく思っている。

松浦弥太郎

優秀よりも勇敢に。

いつも優秀であることのプレッシャーくらい、つらいものはありません。優秀さにこだわるのは、今日からもうやめにしましょう。それよりも、どんなことからも逃げない勇敢さをもった自分であるように心がけましょう。失敗を恐れず、思い切り働くことです。勇敢な自分には、今すぐにでもなれるのです。_m

001

変化は進化。

昨日よりも今日。今日よりも明日というように、毎日自分が新しくなっていく。自分の考え、姿勢、方法などは、どんどん変わっていいのです。気にすることはありません。そうやって変化することが、いわば成長であり、自分の進化につながるのです。あなたはこれからもっと進化できるのです。そのために変化を大いに受け入れ、楽しみましょう。_m

002

いつでも「好き」を理由に。

「もう嫌だ」という気持ちに耐えきれないで新しい仕事を探すと、次もまた、同じことを繰り返してしまいます。職場を移ろうと思うきっかけが、後ろ向きな気持ちであっても構いません。けれども、新天地さがしは、必ず前向きな気持ちで。自分の可能性を広げられる仕事と出会うまで、待ちましょう。キャリアを変えるなら、いつだって「好き」を理由に。_n

リセットしてから、はじめよう。

新しい環境では、それまでの成功体験や思い込みは一旦すべて、手放しましょう。経験とは時として、両手いっぱいの余分な荷物のような存在に。手放して身軽にならないと、新しい考えを受け入れることができません。過去のものさしは、新しい環境では案外、役に立たないものです。自分をすべてリセットしてから、はじめましょう。_n

将来、報われればいい。

やりたいことが見つかったなら、迷わず身を投じましょう。給料なんて気にしてはいけません。生活水準が下がってもやりたいと思えるなら、それは夢に近づいている証拠。目先の地位や待遇を優先すると、いろんなことに妥協するようになります。それもひとつの生き方ですが、夢を叶える上では遠回り。夢を追うなら、いますぐ報われるかどうかより、将来報われる道を選びましょう。
_n

楽観的な人は、強い。

人生には、本当に様々な出来事が降りかかって来ます。それらは、自分だけに起こっているものではなく、どんな人にも同じように起こっているものと考えましょう。そして出来事は、良くとらえたら、良い出来事。悪くとらえたら、悪い出来事。立派なキャリアを築く人は、学歴や人脈に優れているのではなく、どんな出来事も楽観的にとらえる力が優れているのです。_n

006

一人で飛び込む。

そっちに行ってみよう。これをやってみよう。試してみようと思ったら、まわりから笑われるかもとか、批判されるかも、などと気にせずに、えいっと、一人で飛び込んでみることです。いつだって、自分の好奇心や興味の赴くままの、勇気ある行動やチャレンジが吉を呼びます。一人だからこそ、本当の出会いや、豊かな人間関係を得られるのです。孤独を恐れてはいけません。孤独と孤立は大違いなのです。_m

007

誰よりも早く見つける。

大切なのは、世の中の人が、今どんなふうにしているのか、いつもよく見ることです。見て、見て見続けることです。そして、世の中の人が、これから困りそうなこと、これから欲しいと思うようなもの、これからこうありたいと願うことなどを、誰より早く見つけることです。そういう観察の先に、人をしあわせにするヒントが眠っているのです。_m

最新を知っておく。

自分の生活に取り入れるかどうかは別として、新しいサービスや商品、話題の店や、出来事は、先入観を捨てて、積極的に触れてみたり、試してみるのが大事です。知らなかったことによる情報格差で、残念な思いをしないように注意しましょう。選択肢をたくさんもつことは、仕事の意思決定において、大いに有利なのです。_m

課題に情熱を持とう。

目の前の課題にどれだけ情熱を持てるかが大切です。それができるかどうかは、その課題の先にいる人をいかに想像できるかにかかっています。誰に、どんなふうに喜んでもらい、どうなってもらいたいのか。それをできるだけ具体的に考え抜いて、理解することです。そして、何度でも、立ち返って、それについて考え抜く。その考え抜くという行為が情熱そのものなのです。_m

心配するより、感謝しよう。

新しいチャレンジは、確かなものがないために、不安な気持ちが先立ちます。しかし、恐れることなどありません。自分のやりたいことができるというのは、どれだけ恵まれたことなのか。その一歩を踏み出せたのは、大きな幸運なのです。うまくいくかどうか心配するのは、もうやめましょう。不安な時こそ、チャレンジできることに感謝するのです。_n

011

最後の5分でやりたいことを。

自分が「やりたいこと」より、人に「やって欲しい」と頼まれたことで、人生の持ち時間が埋まっていませんか？　無制限に時間があるような仕事の仕方をしてはいけません。もし、人生で働ける時間が、「たったあと５分間」しかなかったら？その時にやりたいと思ったことが、自分にとって本当に優先すべき仕事です。_n

012

捨てるのは、後からでいい。

やりたいことが分かってくると、いらないものも見えてくるようになります。逆にまだ目的がぼんやりしている時には、焦って何かを選んだり、捨てたりしなくても良いのです。非効率でも、遠回りに思えても、構いません。先入観にとらわれずに、いろんなことに触れてみましょう。やがて目標が明確になれば、いらないものは後から簡単に捨てられるのですから。_n

感動を土台にする。

どんな仕事においても、そこに潜んでいる感動を見極めることが大切です。なぜなら感動こそが、たくさんの人と分かち合えるものだからです。感動のないものに分かち合いはありません。感動が多ければ多いほどに、人と分かち合えるものが増え、成功するべき仕事のしっかりした土台となるのです。_m

賞賛を求めない。

人からの賞賛を求めたがるのは、自分自身のビジョンが薄弱な証拠です。自分なりの目標を持たないために、ほめ言葉という燃料がないと走ることができないのです。確かなビジョンをもつ人は、ほめられても、おだてられても、喜んだりしないもの。なぜなら、何かを成し遂げたとしても、「いまだ道の途中」と考えているから。人としてのスケールが大きいほど、賞賛など必要ないのです。_n

昇進は「伸びしろ」づくり。

昇進や昇給は、やったことへのご褒美ではありません。「君はこれから、もっと伸びるはず」という、伸びしろに対する期待です。ポジションが上がれば、機会もプレッシャーも増えていくもの。評価に満足するのではなく、自分の伸びしろをもっと広げられるように、さらにチャレンジし続けるのです。_n

016

プライドは隠しておく。

プライドは大切なものですが、決して表に出すものではありません。できないこと、知らないこと、わからないことがあったら、いつでも頭を下げて、教えてもらう謙虚さが大事なのに、自分のプライドが邪魔してしまうのは、あまりに残念です。プライドにこだわるあまりに、自分を偽ったり、素直さに欠けたり、孤立したりしないように注意しましょう。_m

大変な時こそ力を抜く。

トラブルやアクシデントが起こった時は、なんとかしようと慌てて力んでしまいがちですが、そんな大変な時こそ、一旦冷静になって、力を抜くことを心がけましょう。ふっと力を抜くと、気持ちの上でも、頭の中にも、余白ができて、今どうするべきかがよくわかるものです。何か起きたら、まずは、肩の力を抜いて、リラックスすることが先決です。_m

筆の置き方を美しく。

何かを始めるときは、気が張っていて、あらゆることに心が行き届きますが、何かを終える時というのは、気持ちが緩んで、大切なことをおざなりにしてしまいがちです。終わったという安心感もあるからでしょう。長々と筆を使って、書き物をした後に、使った筆をどんなふうに置くのか。その姿や所作にこそ、自分自身そのものが表れます。いつどんな時でも終え方を美しくと心がけましょう。_m

目立たないように目立つ。

仕事をしていると、人に認められたり、喜ばれたりすることを求めて、そのために目立ちたい気持ちがむくむくと湧いてきます。しかし、目立つべきなのは自分自身ではなく、自分が手がけた仕事そのものです。静かに、ひっそりと、粛々と仕事をし、自分ではなく、その成果だけが目立つように心がける。常に、自分は目立たぬようにするのが賢いのです。_m

人生の仕事はゆっくり見つけよう。

20代で人生の仕事に出会う人は、ごくまれです。がむしゃらに学び、失敗して、30歳をこえるころに自分のことがわかりはじめてきます。30代は、大人の試行錯誤。真摯に仕事に取り組みながら、「自分がやりたいこと、自分しかやれないこと」を見出すための時間です。そうして、40代あたりで、ようやく人生の仕事が見つかることでしょう。それが50歳であっても、遅くはありません。人生の仕事は、このくらい時間をかけて出会えばいいのです。焦らず、ゆっくり、着実に。_n

021

赤ん坊の視点を持つ。

どんな些細なことでも、驚く。当たり前のことを、疑問に思う。偉大な発見は、赤ん坊のような心持ちから生まれます。赤ん坊には知識がないので、先入観がありません。赤ん坊は計算できないので、物事の限界を考えません。赤ん坊は恐れを感じないので、リスクに対して勇敢です。赤ん坊のように考えることができたら、それは大きな武器になるでしょう。_n

なんでもやってみる。

思いついたことは、あれこれ考えずに、なんでもやってみる。やってみれば、その経験は学びとなり、知恵となるのです。仕事の醍醐味は、まだやったことのないことをやってみるというところにあります。とにかく何もやらずして、自分の未来はないのです。_m

平凡であり非凡であれ。

テーマで大切なのは、誰にでも親しみがある、いたって平凡であることです。人は自分がよく知っていることにしか興味をもたないからです。しかし、コンセプトも平凡であったら、なんの新しさも面白さも感じません。平凡なテーマでありながら、非凡なコンセプトというのが理想です。外観はよく知っていることだけど、中に入ってみたら、新しい発見に満ち満ちているというように。_m

独創性にこそ価値がある。

アイデアや発想をひとつの感動として、たくさんの人に知ってもらい、意見を聞くのは大切ですが、それによって独創性という鋭さを丸く削ってしまってはいけません。常に人は、違和感やノイズ、わかりにくいものを排除したがります。魅力とは、正常と異常の同居ですから、異常を消してしまったら、魅力は無になると知っておきましょう。独創性というクレイジーは魅力の種なのです。_m

書くことは考えること。

思いつきやアイデアは常にペンを持って、紙に書くことを心がけましょう。書くという行為は、同時にそれについて考えることでもあるのです。手を動かし、紙に書かれた言葉や文字を目で見て、さらにインプットし、頭と心で考える。それは経験となって記憶され、いつでも思い出すことができ、さらに新しい思いつきやアイデアの種にもなるのです。_m

どう実現するかを研究する。

アイデアとは、実際の形になってはじめて価値が生まれます。アイデアを実現することは、アイデアを生み出すことと同じくらい難しく、価値のあることです。誰かのアイデアから学ぶときは、「どういう発想なのか」を見るだけでなく、「どうやって実現したのか」を併せて考えましょう。
_n

本気になる。

本気で物事に没頭すると、四六時中そのことで頭がいっぱいになります。見るものすべてがヒントとなって、すさまじいスピードで学んでいきます。どんな状況でも本気であれば、いつチャンスが訪れても、迷わずチャレンジすることができます。なりふりかまわず、すべての時間がひとつのことに染まるほど本気になれたら、成功したも同然です。いまの仕事に、本気になってますか？ _n

028

枝の先の葉まで情報をもつ。

世界のすみずみまで、関心を広げるのは大切なことです。自分がかかわっている分野の情報はもちろんのこと、その枝葉として広がる情報にも詳しくなりましょう。枝の先の葉っぱのようなささやかな情報も、面白がって集めてみましょう。どんなことも好奇心で見つめれば、受け取れるものは多くなります。それを自分の引き出しにしまっておき、ときどき取り出して「なぜ面白いのか？」という理由まで掘り下げておきましょう。_m

抱えきれないほどの仮説を。

どんな行動を取る際にも、実際に動く前に、自分なりの仮説を立てる習慣をもちましょう。たった一つの仮説ではなく、できればいろいろな仮説を、たくさん考えておくと安心です。思わぬ事態に見舞われたときや、予定どおりにいかないときには、すぐに「次の手段」を取り出せるように、日頃から準備をたっぷりしておくということです。_m

030

方法の発明をする。

みんなが困っていることを、思いやりをもって見つめて、自分なりに深く考えれば、きっと今まで誰もやったことがなかった「新しい方法」を生み出すことができます。たとえささやかなことでも、それをみんなと分かち合い、解決していきましょう。発明とは、新しいモノをつくり出すこととは限りません。新しい方法をつくり出すことも、大切な発明です。いままで以上にみんながしあわせになる。そんな方法を発明しましょう。_m

面倒くささの中に宝物が眠っている。

日々の暮らしには、面倒くさいことがたくさんあります。しかし、面倒くさいからこそ、そこにはたくさんのヒントがひそんでいます。人がやらない面倒くさいことを、好奇心をもって観察し、じっくりと掘り下げていきましょう。誰もやらないことを、ていねいにやってみましょう。そうすれば、きっと宝物が見つかります。「面倒くさい」という思いで、可能性にふたをしてはいけません。
_m

032

笑顔を感じるものをつくる。

仕事をするとは、「人を幸せにしたい」という信念をもつことです。お客様がそれに触れたり使ったりしたとき、「笑顔」を感じる製品やサービスをつくりましょう。片隅だけを見ても、隠れたところをさわっても、笑顔になれるものをつくりだすことは、簡単ではありません。しかし、それを続ければ、「人を幸せにしたい」という信念は少しずつ形になっていくはずです。_m

いろいろな視点で考えてみる。

老若男女、お客様、社長、上司、部下など、自分はいつでも誰にでもなれると良いでしょう。それは視点を変えてみるということです。お年寄りだったらどう思うのだろう。お客様ならどう思うのだろう。社長ならどう考えるのだろう。上司や部下ならどう感じるのだろう、と、自分という視点だけでなく、いろいろな視点で物事を考えてみる、感じてみる、思ってみることで、その仕事に必要な価値や、大切にしなければいけないことが見えてくるのです。_m

アイデアは人に話す。

アイデアが湧いてきたら、誰かに話してみましょう。一人に話したら、もう一人に話す。あるいはチームみんなに話してみましょう。「これについてどう思う？」とたずねて、意見や批評をもらうことは重要です。もしかすると、自分では「素晴らしい！」と思っていたアイデアでも、修正すべき点が見つかるかもしれません。もっと良くするきっかけにもなります。アイデアの卵をあたためて、形にするヒントがもらえることもあります。
_m

理想は、相手でなく自分に求める。

理想の会社、理想の上司、理想のクライアント。誰かに「こうあってほしい」と理想を求めてしまうと、たちまちストレスが増えて、物事がうまくいかなくなります。追い求めるべきなのは、理想の自分。相手の立場や気持ちに寄り添って、どうすれば相手にとって理想の存在になるかを考えてみてはいかがでしょうか。_n

自分の利益はかえりみない。

謙虚でていねいなのは、社会人として当たり前。人に好かれるためのマナーみたいなもので、それ以上ではありません。「あなたに大切なことを頼みたい」とお願いされるには、謙虚さを超え、つねに献身的な態度で接することが大切です。自分の利益やエゴをかえりみず、いつでも相手のためを思って行動していれば、人間として信頼され、愛されるようになります。_n

ユーモアのセンスを忘れない。

緊張しているときは、ほほえんでみましょう。深刻なときには、つらさの中にも笑顔になれる部分を探してみましょう。きびしい状況におかれたときこそ、ユーモアが自分を助けてくれます。ユーモアのセンスがあれば、真っ暗闇の中に、ぽつんと明かりがともります。ユーモアとは面白さです。アイデアは「それは面白いのか」と最終チェックしましょう。何よりも大切なことだと思います。
_m

誰だって、楽しい人が好き。

「楽しくない人は好かれない」とは言いません。
それでも、楽しい人は誰からも愛されるものです。
会う人みんなを楽しませる人。自分自身が楽しん
でいる人。そういう存在に、人は集まって来ます。
_n

放たれた言葉は、消えない。

自分の言ったことは忘れても、人に言われたことは忘れないのが、人間というもの。一度放った言動は、取り消すことはできません。自分の言葉には、普段から深く配慮しましょう。逆に、どんなにきつい言葉を投げかけられても、言った相手は忘れているもの。その言葉が自分を傷つけているのなら、いっそのこと心の中から消してしまいましょう。_n

知らないことには興味をもつ。

知らないことに出会ったら、進んで知るようにしましょう。自分と考え方が違う人、服の好みや趣味が違う人、生活スタイルが違う人がいたら、「自分とは違うから関係ない」と思わず、「自分とは違うから興味深い」ととらえるのです。自分は知らないけれど、みんなに人気だということがあったら、知るようにしましょう。ミーハーになるというのは、本当はすてきなことなのです。_m

041

ひとつの縁を大切に。

不思議な縁というものがあります。偶然のつながりから、いつしか一緒に大仕事に取り組むことになるような。出会ったときからお互いが尊重し、ひとつの縁を大切にすると、時間をかけて大きな実を結びます。逆に、自分のために相手を利用しようとしたら、瞬く間に縁は途切れます。こういう人は、むやみにたくさんの人に会おうとしがち。知り合いが増えたところで、実を結ぶことはありません。縁を増やすより、ひとつの縁を大切にしましょう。_n

いつも「はじめまして」の
自分でいる。

毎日、新鮮な自分になりましょう。初々しい自分でいることは、価値のある仕事をするための基本です。誰に対しても「今日が初対面」という気持ちで向き合えば、お互いの関係もういういしくなります。そのためには、いつも「相手に新しい価値をプレゼントしよう」と心がけるといいのです。いつも「はじめまして」の自分でいれば、まわりの人も、会うことを楽しみにしてくれるでしょう。
_m

みんなでひとつのことを
やってみよう。

チームがばらついたと感じたら、みんなで何かひとつのことをやってみましょう。とても単純な作業でいいのです。大掃除でも、料理でも。わかりやすくて誰もが参加できることを、みんなでやってみましょう。みんなで同じ作業をするだけで、一体感が確実に蘇ってきます。_n

メンバーに心から興味をもつ。

チームのメンバーひとりひとりに、心から興味をもちましょう。「いつもあなたのことはちゃんと見ているよ」という姿勢で向き合いましょう。縁あって一緒に仕事をしている仲間なのです。好き嫌いや、合う・合わないを超えた「きずな」をつくっていきましょう。あなたが絶対に必要なんだと伝えましょう。_m

045

仲間を一緒に高めていく。

自分を高めようとする気持ちは、とても大切です。同時に、まわりの人たちも一緒に高めていくことを目指しましょう。自分を高めようとして、「自分はあの人よりすごい」と、比較して考えてはいけません。自分を相対的に高く見せようとすると、まわりの仲間を落としはじめるようになるのです。成長とは、まわりの仲間とともに伸びていくことです。_n

お互いに育て合う。

一緒に働く仲間の「いいところ」に気がついたら、もっと良くなるように応援しましょう。「この人はこれが得意」「あの人はここがすてき」と気がついたら、栄養になるようなヒントを見つけてあげるのです。栄養とは、ある時は一冊の本かもしれない。ある時は人かもしれません。「これが役に立つ」と思ったら、相手にすぐに教えましょう。こうして仲間同士で「いいところ」を伸ばしたり、伸ばされたりすれば、チーム全体が成長していきます。_m

批評ではなく、より良い方法を。

どんな時でも、みんなが聞きたいのは、批評や批判ではなく「より良い方法」。頭ごなしに否定するより、現状を肯定した上で、「こうするともっと良くなるのではないか」と提案しましょう。物事には常に、良い面と悪い面の両面があります。そのうちの良い面にフォーカスして、前向きに考える癖をつけましょう。_n

048

自分が先に、相手を理解する。

「自分のことを理解してほしい」と、つい願ってしまうかもしれません。その願いが強すぎると、何をするにも、何を話すにも、「自分」が中心。自分を理解してほしいと思えば思うほど、人は興味を失い、離れていってしまうでしょう。自分を理解してもらいたいと思う前に、まずは自分が相手を理解すること。やがて相手は、敬意をもって自分を理解してくれるようになるでしょう。_n

049

立ち入りすぎない。

一生懸命に仕事をしていればいるほど、相手と仲良くなります。会社の仲間と親しくなることも、取引先の人と気が合うこともあるでしょう。しかし「仕事相手としての仲の良さ」と「友だちとしての仲の良さ」は違うものです。立ち入りすぎずに相手とつきあうのも、仕事の基本です。お互いのプライベートを尊重しましょう。_m

大切なことは小さな声で。

大人になったら、いくつかの声色をもっておきましょう。たくさんの人の前で話すときと、一対一で話すときと、それぞれにふさわしい声を使い分けられるようにするのです。声の大きさ、話す速さ、言葉の強さや弱さ。声によって、どう伝わるかも変わります。大切なことは、小さな声でゆっくりと。大勢に話すときは、明るく大きくテンポよく。自分も一つのメディアだと思って、話し方を練習することも役に立ちます。_m

言葉の温度をほどよく。

その場、その時にふさわしい「ほどよい表現」を知っておきましょう。あたたかい言葉や、心地いい言葉。人と人の心が通じ合う「ちょうど良い言葉の温度」を、感覚で覚えるのです。トラブルが起きた時、いんぎんに謝るとこじれます。カジュアルに話せば、深くつながることはできません。会話でもメールでも、言葉遣いはセンスそのものです。心で使い、心で学びましょう。_m

「こちらの都合」を引っ込める。

仕事とは、自分を世の中のために役立てることです。困った人を助けることです。それなのに「こちらの都合」で働いているとしたら、それはとても残念です。喜ばせる相手は自分ではなく、お客様や世の中だということを忘れてはいけません。忙しい時にはうっかり、自分の都合で進めてしまいがちなので、ときどき立ち止まって、自分を点検してみましょう。_m

いつもおまけとおみやげを。

「おまけ」と「おみやげ」はうれしいものです。誰でもつい、にっこりしてしまいます。仕事においても、相手に「おまけ」と「おみやげ」を用意する意識をもちましょう。つまり、相手の期待に応えるのはもちろんのこと、思いがけないプラスを付け加えるのです。たとえば、頼まれた期日より早く仕上げてもいいでしょう。一つのアイデアを頼まれたら、二つ考えてもいいでしょう。相手を喜ばせれば喜ばせるほど、仕事の幅が広がります。_m

人間性を尊重する。

人はみんな違っていて、人間性も個性も違います。それぞれに強い部分と弱い部分、きよらかな部分とこまった部分があります。だからこそ、人は愛おしい生きものではないでしょうか。好き嫌いに振りまわされず、似ていても違っていても、こだわらないことを心がけましょう。おたがいの人間性を尊重すると、人づきあいの悩みが消えていきます。_m

期待のしすぎは、自分のエゴ。

人に対してイライラするのは、相手が自分の期待に応えてくれないから。けれども、自分の期待が大きすぎることに、そもそもの問題があるかもしれません。過剰な期待は、相手に甘えて寄りかかっているようなもの。「ちっとも頑張ってくれない」「全然わかってくれない」と不満を抱いたら、相手のせいにするのではなく、自分のエゴを疑いましょう。_n

056

理不尽は、寛容さで受け止める。

どう考えても自分が正しく、間違っているのは相手のほう。それなのに理不尽な要求や怒りをぶつけられることは、仕事においてよくあることです。そんな時こそ、無理やりにでも寛容に。実は相手も心のどこかで、後ろめたく思っているものです。自己主張は後にして、「どうぞどうぞ」と譲りましょう。相手のほうも頭が冷めて、譲る気持ちを思い出します。_n

間違いも裏切りもあたりまえ。

人は弱さも欠点ももっています。だからこそ、間違えることもあります。身内のように親しい人に、裏切りのようなふるまいをされることもあるでしょう。そんな時は、相手の事情を理解し、若い人なら「若さのあかし」と受けとめ、ゆるすことにしましょう。腹を立てたり、追い詰めるように相手を責め立てたりしても、何の解決にもなりません。_m

大切だけど注意するべきもの。

人に対しても、仕事に対しても、みんなそれぞれ違った愛情をもっています。でもその愛情は、深くなればなるほど、疑い、不安、嫉妬など、さまざまな感情が入り混じって、形は変わっていきます。愛情はとても大切ですが、時には、手をつけられないほどの問題にも発展することを肝に命じましょう。愛情によってこわれることがたくさんあることも知っておきましょう。_m

059

つくすのではなく、心を寄せる。

いくら大好きでも、大切なものであっても、仕事につくすような働き方は避けたいものです。なぜなら「つくす」というのは、仕事に限らず、その相手への依存につながるからです。距離が近くなりすぎると、関係性のバランスは崩れていきます。仕事に心は寄せても、心をつくしすぎることがないように。無我夢中になり過ぎて、冷静さと、客観性を失ってはいけません。_m

途方もなく面倒なことは、
価値がある。

たとえば、「世界中の街並みを撮影して、ひとつの地図を作る」。こんな途方もなく面倒なことは、誰もやろうとしません。だからこそ成し遂げれば、価値を独占することができます。アイデアを実現しようとするとき、要領よく簡単に実現する方法を考えていませんか？　たいした苦労もなく作り上げたものは、あっという間に真似されます。誰も真似したくないような面倒なことを、探しましょう。_n

仕事は、初動で8割が決まる。

どんな仕事も、スタートダッシュが肝心です。初動で大きく進捗すれば、後に想定外の事態が生じても、対処する時間を作ることができます。締め切り前には完成していますから、あとは時間が許す限り、クオリティを追求しましょう。緊張感なく仕事をはじめてしまうと、たいてい、締め切りぎりぎりに。締め切りに苦しむと、クオリティを下げることで間に合わせるようになります。仕事がうまくいくかどうかは、初動で8割決まるのです。_n

仕事以外の感動から学ぶ。

最高のホテルに泊まる。粋を極めた料理を食べる。映画の名作をみる。誰からも素晴らしいと賞賛されるサービスやエンターテイメントには、たくさんの人を感動させる要素が備わっています。こういったものに積極的に触れ、腰が抜けるほど感動してきましょう。それと同じくらいの感動を与えることを目指して、今日の仕事にとりかかるのです。_n

独立思考を身につける。

会社の一員であろうと、どんな組織に所属していようと、独立思考を身につけましょう。チームのみんなとの調和を保つのは大切なことですが、それと同時に、しっかりと「自分」という「個」を育てていくことを忘れてはいけません。「個」の考えや意見、姿勢がしっかりとあるからこそ、会社や仲間と一緒に成長することができるのです。
_m

人に話して、整理する。

頭の中がこんがらがって、整理できない。そういう時は、とにかく人に話しましょう。中途半端でも、未熟で恥ずかしくても、思い切って話しましょう。何度も話せば、相手がどこに興味をもって、どこを理解できないか、確実に分かって来ます。人に話せば話すほど、自分の考えは整理され、表現は研ぎ澄まされていくものです。_n

準備がすべて。

重要なプレゼンテーションは、やりすぎなほど入念に準備しましょう。どこをどのように突っ込まれたら、どう切り返すか。細かなシミュレーションをしながら、綿密に組み立てていくのです。何の準備もなく、とっさに名スピーチを語れる人など、ほとんどいません。みんな、しっかり準備をしているのです。準備をすればするほど、自分の言葉で語ることができるようになるのです。_n

情報という大切。

「ミーティングが面倒だ」とか、「プレゼンテーションは気が乗らない」とか、「新しい人に会うのはおっくうだ」などと、感じることはないでしょうか？　自分が話すテーマについての情報が足りないと、誰しもそんな気分になってしまうことがあります。自信の燃料は情報です。日頃から努力して情報を集めておけば、どんな仕事にも自信をもって臨めるようになります。情報不足は、自信不足につながるのです。_m

「自信をつける儀式」をもつ。

大事な会議やプレゼンテーションなど、大きなチャレンジを前にしたら、不安にのみ込まれないために、「自信をつける儀式」をもちましょう。清潔に身なりを整えること。髪を切ること。ここ一番の時には、大切なスーツを着るといったことでもいいでしょう。自分なりのやり方でいいのです。そして儀式のしあげは、「絶対に大丈夫」と自分にささやくことです。_m

プレゼンは、相手を理解する場。

プレゼンテーションでは、自分がいかに頑張って話しても、相手が理解できるのはせいぜい半分程度。一方的に話すだけでは、相互理解は進みません。相手が何を知りたいのか、自分の考えに共感できているのか、話の節々で相手の言葉を引き出しましょう。自分の考えを発表するだけでなく、相手の考えを知ろうとする姿勢とゆとりが、良いプレゼンテーションにつながります。_n

心に響くシナリオを持つ。

交渉を成功させるためには、損得や理屈だけでは不十分。相手は、普段からたくさんの「おいしい話」を提案されています。だからこそ、気持ちで相手を動かすように。相手の心に訴えかけるメッセージは何か。相手がはっとするようなエピソードはどれか。相手にとってのハッピーエンドをどう描くか。交渉ごとでは、相手の気持ちに沿ったシナリオを用意するのが秘訣です。_n

ロジックで終わらせない。

どんなに素晴らしい設計図であっても、それをもとに何かを作らなければ、ただの紙きれと同じです。仕事でも、ロジカルに考えて議論しただけで満足していてはいけません。すべての設計図は、それに沿って実行し、新しいものを生み出すためのものなのです。ロジックを実行に変換させることを得意な人になりましょう。_m

自分だけのフレームワークを
発明する。

フレームワークから学べるのは、「物事を単純化して考える」という、フレームワーク的思考そのもの。教科書にあるようなフレームワークは、自分の置かれた状況には当てはまりません。人のフレームワークを安易に引用するのは、自分で考えるのをやめたようなもの。自分の直面する問題に向き合い、自分だけのフレームワークを発明することに価値があるのです。_n

うまくやろうとしない。

苦労なく、ぱっと成果を出し続けられれば、どんなにスマートでしょうか。しかし現実には、ほとんどありえないことです。だから、「うまくやってやろう」なんて、決して思わないこと。かっこつけるほど、必要な努力を怠るようになります。どんな仕事でも、びっくりするくらい泥臭く、地道な努力が必要です。楽して成功しても、それは一過性のものと心得ましょう。仕事とは、そもそもうまくいかないものなのですから。_n

問題は先送りせず、いま解決する。

とにかく先に進めることを優先して、問題はあとで直そう。こんな姿勢で仕事をすると、あとから直すことは、まずありません。いま目の前の問題を許しているのに、出来あがってホッとした時に、問題にこだわるでしょうか？　よほどのことがない限り、問題は放置されることでしょう。そして不出来なまま、自分の作品として残っていくことに。「あとで直せばいい」などと思わずに、いますぐ徹底的に問題をつぶしましょう。_n

074

面白さを語れるように。

面白いことを見つけたら「すごいな」と思うだけで終わらせてはいけません。「なぜ面白いのか？」をきちんと言葉にし、自分の意見として話す練習をしましょう。なぜ面白いのかを人に話してみれば、自分自身もより深く面白さが理解できます。「面白い」という気持ちから一歩踏み込んで、自分なりの解釈やアレンジを加えれば、その面白さは進化していくはず。「面白い」は「成功の種」でもあるのです。_m

075

一人目のファンを作る。

営業においては、クライアントやユーザーなど、目の前の人すべてを説得する必要はありません。その中のたったひとりが、自分の熱狂的なファンになってくれればいいのです。ファンになってくれた人は、上司や知人に、勝手に自分を売り込んでくれます。自分がいないところで、自分のことを好きな人が、どんどん増えていくのです。これこそが営業の極意です。_n

「会いたい」と思われるように。

「もう一度会いたい」と相手に思ってもらえるかどうかで、仕事がうまくいくかいかないかは決まります。一度会ったら「忘れられない人」になる。そうはいっても、特別なことをする必要はありません。正直、親切、ていねい、約束を果たす、といった基本を守るだけでいいのです。そのうえで「自分はこの人に、何を与えられるだろう」と考えて接するようにすれば、相手は「また会いたい」と思ってくれるものです。_m

必ず振り返りを行う。

どんな仕事も、「進めること」と「振り返ること」をセットにしましょう。ときどき立ち止まって、「本当にこれでいいのかな」と振り返り、確認をするのです。これこそ、ていねいで質の高い仕事をするための秘訣です。目指す方向がずれていないか。うまくいってないことを見落としていないか。一緒に働いている仲間を、置きざりにしていないか。そうした点について、必ず振り返りを行いましょう。_m

078

自分を信じていないから、
ストレスに。

物事がうまくいかないとき、トラブルが起きたとき、焦ったり、苛立ったりする。そんなとき、ストレスの根っこは、自分を信じていないことにあります。「何があっても大丈夫。自分は必ず乗り越えられる」と思うようにすれば、心おだやかに、ゆったり構えていられることでしょう。うまくいかない時ほど、自分を信じて。_n

自分がやったほうが
うまくいくことを見つける。

仕事には、人から与えられるものと、自分から生み出していくものの2種類があります。どちらの仕事であっても、「自分がやったほうがうまくいく」というものを見つけたら、進んでやるようにしましょう「自分がやったほうがうまくいく」ことを貪欲に探すことです。世の中のために自分を役立てるチャンスを、見逃さないようにしましょう。_m

説明はわかりやすく何度でも。

一緒に働く仲間には、「何をしたいか、どう進めたいか」を、わかりやすく説明する。お客様には、「どうやって困りごとを解決できるか、どんな役に立てるか」を親切に説明する。「一回言ったからわかるだろう」ではなく、わかっていることも念のために、何度でも確認する姿勢をもつのです。いつも人への思いやりをもって説明しましょう。
_m

081

誰だって、1日は24時間。

どれだけ成功した人でも、1日の持ち時間は、みんなと同じ24時間。特別にその人だけ、使える時間が多いというわけではありません。持って生まれた才能や運もあるとはいえ、時間に関しては同じ条件。つまり、成功する人は時間の使い方が格段にうまいのです。限られた時間の中で、何をどう進めていくか、真剣に考えてみましょう。才能や運とは違い、時間の使い方は自分次第で、改善することができるのです。_n

難しい仕事は、分解してみよう。

悩ましいほどに困難な仕事に直面しても、途方に暮れてはいけません。「これ以上は細かくできない」というレベルまで、仕事の要素を分解してみます。難しいと感じるのは、仕事の全体像が自分の容量を超えているから。だから、自分の容量に収まるまで、小さく噛み砕くのです。細かく分解すると、すぐに着手できる仕事が必ずあります。できそうなものから、どんどんやっつけてしまいましょう。いくつかの難しい仕事が残っても、相応の成果は確実にあげられます。_n

ひとりで抱え込まない。

「常に必ず、ひとりでやり遂げたい」というのは、頑張り屋さんの悪い癖です。責任感は立派ですが、時としてそのために仕事が止まったり、クオリティが低下したりする原因に。行き詰まったら相談し、手に負えないときは仲間に渡しましょう。ひとりでできなかったことは、恥でも何でもありません。抱え込んでしまうことが、大きなリスクなのです。抱え込まずに助けを求めることが、チームで働く時のマナーです。_n

お金は後からついてくる。

お金を追いかけて働くと、その仕事はいつか必ず行き詰まります。お金のことはいったん忘れて、「いい仕事をしよう」と心に決めて努力をすれば、不思議なことに、お金はあとをついてきてくれます。お金に好かれるような働き方を基本としましょう。夢を追ったいい仕事をしている人を、お金が放っておくわけがありません。_m

価値の変化を読むこと。

世の中の価値は常に変化しているものです。その変化をいかに早く気づき、いかに正しく読むのか、そして、その価値の変化を、どうやって仕事に生かすのか。それは、普段からどれだけ社会全体をくまなく観察し、自分なりの分析をし、理解するかにかかっています。どんなに小さなことでも、すべて今日の状況と関係し、変化を続けていると知ることです。_m

伝えるよりも、引き出す。

自分の意図のとおり、相手に行動してもらうことは、とても難しいものです。この通りにしてほしいと伝えると、相手は一方的に指示されている気持ちになります。相手が目上であったり、信頼関係が築けていなかったりすれば、なおさらです。そんな時は意図を伝える前に、相手がどうしたいかを引き出しましょう。相手の考えを尊重すれば、自分の意図を理解してもらえるきっかけが生まれます。_n

自信は自己管理する。

自信は誰かにもたせてもらうものではありません。自分でつくりだし、自分で世話をし、自分で育てていくものです。小さく挑戦して成功したら、それは自信の種まきになります。大事に育てていきましょう。もしも失敗して、自信の芽が枯れそうになったら、ていねいに水をやり、生き返らせましょう。自信は人から与えられるものではなく、自分で持つものです。_m

気持ちは顔と言葉に表れる。

どんなに隠しても、うまく取り繕っても、用心しても同じです。自分の気持ちは、顔と言葉にすべて出ています。とっさに嫌だと思ったら、必ず顔にでます。普段のやましい気持ちは、言葉に節々にあらわれます。いつ誰に対しても、つねに洗いたての気持ちでいられるように。_n

つまらないことに、支配されない。

時間が足りない、お金がない、この人とはそりが合わない。思わずつぶやきがちなこの言葉は、はたして素敵なことでしょうか。「つまらない」と言っていると、もっともっとつまらなくなります。たいていの不満は、自分の人生を大きく左右するものではありません。自分で生み出した負の感情にすぎないのです。そんなつまらないことに人生を支配されるのは、実にもったいないことです。
_n

問題は、立場によって異なるもの。

問題の大小は、人や立場の違いによって受け止め方が異なります。「これは大きな問題だ」と自分が思っても、人によっては問題にすらならないというのはよくあること。問題とは、主観にすぎないのです。だから、自分の問題認識を人に押し付けないよう、気をつけましょう。何か問題を感じたら、さまざまな立場から、角度を変えて眺めてみましょう。_n

自分より優れた人をそばに置く。

自分より優秀ということは、自分とは異なった考えを持っているということ。時には、自分のやり方を否定されることがあります。それを素直に受け止められる能力が、度量であり器です。人の話を聞かない人に、優秀な人は集まってきません。自分とは異なる意見であっても、真摯に聞いて、受け入れましょう。やがて優秀な仲間が増えれば、自分ひとりではできないような大きな仕事に、取り組めるようになります。_n

不安を人に丸投げしない。

どんなことであっても、不安があれば人に相談すればいいのです。それでも、自分の不安を最終的に解決するのは、自分であるということを忘れてはいけません。相談した相手に不安を押し付けて、「相手が何とかしてくれるだろう」などと思ってはいけません。自分で何とかするしかないのです。
_n

努力や誠意は、報われなくていい。

こんなにがんばっているのに、認めてもらえない。そういう考えは、自分を苦しめるだけです。努力や誠意といったものは、ありがとうと感謝されたり、すごいねとほめてもらったりするためのものではありません。ひとえに、自分自身が成長するためのもの、誰かの役に立つためのものです。
_n

自己投資にはコストをかける。

何かを学んだり、新しい経験をしたりするときは、少し背伸びをしましょう。贅沢をする必要はありませんが、ケチケチしないことが大切です。金額を基準にして「何をしようか?」と考えると、可能性が狭まってしまいます。よく考えた末、時には思い切って自分に投資をすると、何倍にもなって返ってきます。_m

095

健康であることが仕事。

新しいプロジェクトを始めて夢中になると、昼も夜も働いたりします。24時間、頭の中で仕事をしていることも珍しくありません。しかし、そんな大変な時こそ、健康管理を心がけなくてはいけません。元気でなければよい仕事ができるはずがありません。健康であることは、なによりも大切な、最優先するべき仕事なのです。_m

おいしいものを食べる。

おいしいものを食べると、体も心も感動します。その感動が、仕事と暮らしに映し出されます。かんたんで便利な食べ物はいくらでもある時代に、忙しい自分が、おいしいものを食べるというのは、それだけで努力をしているということです。自分で料理をしたり、時間を作って外食をしたりして、おいしいという感動を味わいましょう。空腹を満たすものではなく、心が喜ぶおいしいものを食べましょう。_m

集中できる場所を持つ。

自宅やオフィス以外で、自分が集中できる場所をもちましょう。公園のベンチ、お気に入りのカフェなど、人によって、リラックスして落ち着く場所はいろいろとあるでしょう。大変な時でも、そこへ行けば集中できる、いわば「自分の逃げ場」をもっていると安心です。自分を見失いそうになった時は、そこに足を運び、休息をし、リセットをするといいでしょう。_m

098

臆病だから、成長できる。

心の奥底にある臆病さは、自分を成長させてくれる存在です。失敗するのはつらい、怒られるのが嫌だ、恥をかくのが怖い。こういった繊細さ、敏感さが、一生懸命のていねいな仕事につながって、自分の質を高めてくれます。自分は気が小さいなどと思わずに、臆病さや弱さを味方にしてください。_n

自分を守ろうとしない。

傷つくのを怖がって、自分を守ろうとすると、世界はどんどん狭くなります。自分が理解できないものを避け、自分を否定する人から逃げ、最終的には自分ひとりの世界に閉じこもるしかなくなります。外の世界にいれば、空気を吸うのと同じくらい、傷つくのは当たりまえ。誰だって傷つきながら、生きているのです。傷つけば傷つくほど、世界は広がっていくのです。自分を守ろうとせず、今日もまた一歩、外に踏み出しましょう。_n

ユーモアのセンスを忘れない。

自分の課題に情熱をもつ。

変化は進化。

誰だって、楽しい人が好き。

お金に固執しているうちは、実力不足。

ひたむきさをエゴに育てない。

いつも「はじめまして」の自分でいる。

大変な時こそ力を抜く。

売りものは自分。

失敗しない人は何もしていない人。

優秀な人よりも勇敢な人になれ。

面倒くささに宝が眠っている。

リーダーのきほん100

リーダーのきほん

　どんな立場の人でも、必ず悩みがあり、必ず困っていることがある。
　それをいち早く理解し、できる限りの誠実さを持って、新しい観点で解決の糸口を見つけること。それがどんな仕事においても最初の一歩となる。
　パートナーの野尻哲也氏が、僕にこう教えてくれたことがある。
　氏のその視点は、会社で一緒に働くメンバーや、まわりにいるどんな人にも、同じように向けられていることに、僕は小さな衝撃を受けた。
　なんてやさしい人なんだ、と言ってしまえばそれだけのことだが、それはすべて自分の存在理由でもある他者への感謝から生まれた、仕事と暮らしの原理原則であり、大切な姿勢とする、氏ならではの「きほん」であった。
　仕事における、いちばんの悩みは人間関係である。人はリーダーになればなるほどに、責任と約束が増え、その重圧に押しつぶされそうになり、さらに人間関係の悩みやストレスが積み重なっていく。

そんな人間関係の問題を、僕らはどうやって解決していったらよいのか。
　それは、何が起きようと、そのすべてが自分の学びとなり、成長をさせてくれる、恵まれたチャンスであることへの感謝。そして今日こうして仕事をする自分がいられることは、たくさんの人が支えてきてくれたことであることへの感謝。このふたつの感謝を忘れずに、目の前にいるひとりひとりに、まっすぐに向き合うことができれば、だいたいのことは解決できるのではなかろうか。
「リーダーのきほん」は、いわば、日々の仕事における、感謝の方法と言ってもいいだろう。
　誰に対しても、出来事に対しても、とことん感謝をし続けることが、仕事だけでなく、これからの長い人生における、人間関係の「きほん」であり、問題解決のヒントでもあると信じている。
　リーダーであるあなたへ。

松浦弥太郎

売りものは自分。

どんな仕事をしていても、売りものはつねに「自分自身」です。サービスや商品よりも先に、自分の信用を買ってもらうことが大切。だからこそリーダーは、自分自身を高めていきましょう。特にスタートアップ＝起業をする場合は、自分を一つの事業、一つのキャラクターとして、商品化するくらいの気持ちでいましょう。_m

001

「やらないルール」を決める。

仕事を前進させると、チャンスがたくさん見えてきます。さまざまな誘いも来るでしょう。だからこそ、「自分たちがやらないことってなんだろう？」と胸に問いかけ、答えを出しておくことが大切です。いくらお金になっても、いくら面白そうでも、「やるべきではないこと」を決めておく。「やらないルール」をつくり、チームみんなで共有すれば、迷うことなく、何のために働くのかが明確になります。_m

今日もスタートアップ。

年齢を重ねれば重ねるほど、若々しくなるように心がけましょう。何歳になっても「完成形」にならず、自分のリニューアルを繰り返すのです。仕事とは、毎日がスタートアップなのです。毎日何かひとつでも新しいことに取り組みましょう。何かを始めるのに、遅すぎるということはありません。_m

ビジョンとは、湧き上がるもの。

ビジョンとは、自分たちの目指す世界を共有するためのもの。だからといって、気の利いた言葉で、大げさに飾り立てる必要などないのです。ビジョンは作るものではなく、ひとつのことを毎日ひたすら考え抜いた結果、自然と湧いてくるもの。それは思ったより素朴なものかもしれません。しかし自分たちにとって、揺らぎのないビジョンとなるでしょう。_n

自己紹介ができるように。

「自分は何を考え、何を目指し、何を大切にしているのか」。そういった信念を、わかりやすく言葉にできるように、日頃から備えておきましょう。「あなたは何をしたいのか？」と問われた時、いつでも語れるようにしておくのが、リーダーとしてのたしなみです。長くもなく短くもなく、理念や信念、自分の夢を伝える自己紹介があちこちでできれば、味方が増えていきます。_m

未来を起点に考える。

今の世の中で成功しそうなことを考えるより、未来において必要とされそうなものを見つけましょう。既存の仕組みや常識を前提として何かを起こしても、自分が主役になることはできません。自分なりの未来を描き、どのようにすれば自分が主役となれるのか。未来を起点に考えれば、スケールの大きなビジネスを生み出すことができます。
_n

006

どんな相手でも、自分が役に立てる。

熟達した人や偉大な企業であっても、必ず何かに悩んでいます。ていねいに相手の話を聞いて、一緒の気持ちになって悩みの出所を考えましょう。問題を突き止めたら、解決する術を提案しましょう。どんな相手でも、自分が役に立てることが、なにか必ずあるものです。たとえ自分が素人であっても、萎縮せずに。何も知らないからこそ、相手に役立てることがあります。_n

問題意識が「引き寄せ」を生む。

問題意識が強ければ強いほど、日々の生活で触れるもの全てが、解決のヒントのように見えてきます。自分に必要な情報は、探さずとも、どんどん勝手に集まってきます。共感し協力してくれる人が、次々と集まってきます。問題意識とは、自分にとって必要なものを強く引き寄せる、知性のマグネットなのです。_n

「好き」に、苦労はない。

大変なことも、不安なことも、すべて自分が選んだこと。自分の好きでやっているのだから、「苦労している」なんて考えたりしません。ましてやリーダーであるならば、なおさらです。周りにいる人たちは、自分の「好き」に参加してくれているのです。_n

パートナーを見つける。

そのアイデアが素晴らしいものであればあるほど、実現させるためにはパートナーが必要です。お互いの強みを生かし合える。しっかりと役割分担ができる。理解し合えるし、共感できる。信頼し、尊敬し合える。そんなパートナーが見つかったら、それだけで成功の一歩を踏み出せたことになります。_m

はじめは、欲張りに。

はじめは、あれもこれもと欲張って、やりたいことを詰め込んでみましょう。そのうちに手一杯になって、いらないものを削ぎ落とすことになります。足し算と引き算を繰り返せば、やりたいことがシンプルになっていきます。最初からポイントがわかっていることなど、ありません。欲張って、削ぎ落としての繰り返しが、成熟したシンプルさを生み出すのです。_n

楽に感じた時は、すでに下り坂。

「しんどい、つらい」と歯を食いしばっている時こそ、成長という坂を登っているのです。「楽勝だな」とほっとしているのなら、自分はすでに下り坂。汗ひとつかかなくなったら、成長はおしまいです。汗だくで苦しいときほど、大きな成長を遂げている過程なのだと、自分を励ましましょう。_n

成功事例ではなく、お客様を見る。

流行っているということは、もう終わりかけているということです。ライバル会社が成功しても、それは自分たちが本当に目指すべきものでしょうか。自分たちの理念と関係のない成功事例に、気をとらわれないように。自分たちが気にすべきなのは、目の前にいるお客様だけです。_n

013

失敗しない人は何もしていない人。

失敗とは「大きなチャレンジをした証拠」です。言い換えれば、失敗したことがない人は、何もしていないのと同じなのです。失敗しないように用心するのではなく、思い切ってチャレンジしましょう。結果として失敗したら、その失敗について研究しましょう。そうやって学び、またチャレンジしていく。この繰り返しが成長するということです。_m

014

二歩進んで一歩下がる。

あらゆる仕事は、人とのかかわりで成り立っています。自分の意見や都合だけで突き進むと、無用なトラブルを招いたりするでしょう。だからこそ、自分とは異なる考えの人を尊重しましょう。人を押しのけてどんどん進むのではなく、二歩進んで一歩下がるくらいでちょうどいいのです。「先にどうぞ」と譲る気持ちを、いつだって忘れずに。
_m

数字を疑う。

数字で物事を評価することは、リーダーにとって欠かせないこと。抜かりなくやりながらも、数字は常に疑いましょう。客観的に見えるデータも、実はいくらでも操作できてしまうもの。その数字を作った人の意図が、込められているのです。数字が伸びていて欲しい人は、伸びている数字だけを見つけ出してくるものなのです。_n

過去の自分を捨て、
未来の自分を誇る。

プライドが邪魔するとき。それは、過去の自分を大切にしようとする気持ちが強すぎるのです。過去の自分にこだわると、新しい自分をつくることができません。過去ではなく、未来の自分を誇れるようなりましょう。過去の自分を捨ててしまえば、新しいものに素直な気持ちで向き合うことができるようになるのです。_n

017

未来とは、楽しいもの。

疲れてしまったら、未来への想いが、自分や仲間を元気づけてくれます。未来を語るのは、いつだって誰だって、心躍るもの。目の前の仕事に忙殺されても、心の中にはいつも明るい未来を描きましょう。心のゆとりが足りなくなったら、仲間とともに未来を語りましょう。自分や仲間を励ます、最高のエネルギーになります。_n

018

損得勘定は捨てる。

器用に儲けたい、自分だけは損したくない。そういった損得勘定は、下心として自分の言動に表れます。そろばんどおりに人を動かしたがる気持ちは、誰からも簡単に見抜かれてしまいます。損得ではなく、どこまでも真摯に、相手のことを考えて。_n

身ひとつで稼げるように。

本物の実力が身につけば、どんな状況でも身ひとつで稼げるようになります。いつでも稼げるようになると、お金への執着が消え、自分のやりたいことに集中できるようになります。あれこれ迷うなら、まずは身ひとつで稼げるようになるまで、努力しましょう。_n

020

「頼れる関係」を。

いざという時、精神面においても、金銭面においても、無条件で頼れる存在がいると、勇気が出ます。大きなことをするための元気も出ます。たとえばチャンスが巡ってきた時、力を貸してくれる存在。自分だけではできない挑戦をしようという時、背中を押してくれる存在。実際には頼らなくても、そういう存在がいてくれるだけで、仕事のスケールが大きくなります。_m

021

ひとりよがりにならない。

自分がひとりよがりな働き方をしていないかどうか、ときどき肩の力を抜いて点検しましょう。その仕事への愛情から生まれた「ひたむきさ」が、「わがまま」に育ってしまっていないか、注意しましょう。人は誰しも、一生懸命になりすぎると、ひとりよがりになってしまいがちです。しかし、仲間への心くばりを忘れずにいるのが、リーダーの仕事です。あえてゆっくり歩いてみることも、時には必要です。_m

「決めない」という決断。

どうしても迷ったら、「決めない」という選択肢があることを、覚えておきましょう。時間や状況に追い詰められて、無理に決断してはいけません。「これ以上、悩みたくない、楽になりたい」という気持ちが、決断を狂わせます。切羽詰まって決めたことは、たいてい裏目に出るものです。_n

023

待つことを覚える。

状況が悪い時は、慌てて打って出るよりも、息を潜めてじっと待つこと。待つことで、重い扉が開くこともあるのです。なぜなら、同じ状況がずっと続くことはなく、次の変化がかならず起こるから。まずいと感じたら、危険から距離を置いて、変化の兆しを待ちましょう。目標がある人にとって、じっとしているというのは意外と難しいもの。それでも、じっと待つのです。_n

ボタンとボタンの穴を。

ボタンとボタンの穴は誰もが使っていますが、「装飾品だったボタンを、服の開閉の道具にする」という大発明をした人が誰かは不明です。たぶん、日常の中の思いつきが進化したのでしょう。現代における「ボタンとボタンの穴のような発明」とは何か？「世界からなくなったら困る」と思う方法を、あたりまえの中から見つけ出す。そんな新しい大発明をしましょう。_m

経営とは、人を愛すること。

良きリーダーには、「人を愛する力」があります。チームのひとりひとりを伸ばしたり、叱ったりするには、すべて愛情が必要なのです。仲間を優先し、自分のことを最後にできる人は、強いチームを作ることができます。たとえ個人としてどんなに優秀であっても、自分だけを一番に愛している人は、リーダーには向きません。経営とは、人への愛で成り立つのです。_n

自ら動ける人を、仲間に。

優秀な人には、共通点があります。それは、動機付けがいらない、ということ。経歴が素晴らしくとも、励ましやご褒美がないと働かない人は、成果を出せないものです。本当に優秀な人は、自分でゴールを見つけることができます。放っておいても、まっすぐに努力をしてくれます。過去の経歴よりも、いますぐ自ら動ける人。そういう人を、仲間にすべきです。_n

027

走りたくなるチーム作り。

リーダーがトップダウンで目標を設定し、お尻を叩いて走らせるチームでも、成果は出せます。しかし、メンバー自らゴールを決め、「走りたい」と思って走るチームには、とうていかないません。走らされるチームは、苦しい時に楽する方法を探すものです。走りたいチームは、自分の能力を最大限に引き出すやり方を、ひとりひとりが発明します。メンバーを信頼して、走りたくなるチーム作りを目指してみてはどうでしょうか。_n

リラックスできる職場を作る。

人はリラックスしている時にこそ、能力をいかんなく発揮できます。仕事だからといって、過度に緊張感を与えたり、形式ばかり重んじたりしたところで、生産性はあがりません。リーダーであれば、メンバーが心落ち着けるような職場を作りましょう。自由な気持ちで仕事に向かい、誰でも気軽に意見を言いあえれば、豊かな発想が次々と生まれます。_n

未来の設計を。

本質を理解するために、まずは、その物事の原点、もしくは起点が何かを知ることです。原点と起点をよく知ることができたら、この先の未来の姿がどうあるべきかを考えてみましょう。仕事とはつねに、原点と未来をつなげる発想が大切です。リーダーの役割は、未来の姿をいかに創造し、いかにかたちにするために進んでいくのかを設計することでもあります。_m

理解し合えないことを前提に。

世界には、二つの人種しか存在しません。それは、「自分」と「他人」です。親友、夫婦、家族、どんなに近しい相手でも、完全に理解し合うことはできません。仕事の人間関係であれば、なおのこと。だからこそ、自分の話はていねいに伝え、相手の話は真摯に聞きましょう。「相手は自分のことをわかっている」という思い込みは、誤解の原因になります。逆に、理解し合えないことを前提とすれば、円滑なコミュニケーションを心がけられるようになるのです。_n

問いへの答えは正しく、誠実に。

リーダーとしての才能があるかどうかは、「接する人にどれだけ誠実に対応できているか」でわかります。チームの仲間やお客様から質問を受けたら、簡単な質問であっても、決していい加減に答えてはいけません。正しく答えるのはむろんのこと、一つひとつ誠実に答えましょう。_m

032

質問の「理由」を考える。

質問をされたら、「相手はなぜこの質問をしたのか?」と理由を考えてみる習慣をもちましょう。質問の理由についてさまざまな仮説を立てると、相手とどんなコミュニケーションをとればいいかも見えてきます。相手の奥底にある「質問の理由」がわかれば、相手を知ることもできますし、最善の答えが見つかりやすくなります。_m

一緒に考える。

何かを相談されたら、「それはこういうことですね」と、即答してはいけません。まずは相手に寄り添い、一緒になってじっくり考えること。「こうすればいい」と決めつける前に、相手の考えを聞きだすことが重要です。問題点についての話し合いを省略すると、相談した側にはもやもやした気持ちが残ります。答えがわかったとしても、本当の解決にはつながりません。_m

教えることの本質とは?

自分一人がやると１だけれど、二人に教えると２倍以上の動きになります。自分ができることを教えて、チームのみんなにもできるようになってもらう。そのためにリーダーは、教え上手になりましょう。命令や指示ではなく、「それはすてきで大事なことだな」とメンバーに心から共感してもらうようにする。これこそ「教えること」の本質です。根気と愛情をもって教えれば、チーム全体が成長していきます。_m

035

教え方は面白く。

何かを教える時、正しいことを正しく伝えるだけでは、マニュアルと同じです。単にわかりやすいだけでは、その教えは相手の記憶からすべり落ちてしまいます。いつだって、相手に「面白いな」と思ってもらえる教え方をしましょう。プレゼンテーションをするかのごとく、魅力ある面白い教え方を工夫しましょう。_m

036

不満には、すべて異なる事情がある。

同じようなクレームに聞こえても、そのすべてに異なる事情があります。不満が耳に届いても、よくある話と安易に結論を出さないこと。どのような人が、どのような背景で怒っているのか。ひとつひとつの事情があるものとして、心をまっさらにして聞きましょう。相手の気持ちに向き合えば、話を聞くだけで解決することもたくさんあります。
_n

善意であっても慎重に。

良かれと思って話したことが誤解を招き、相手の怒りを買ってしまうことがあります。これは、相手との信頼関係が不十分なため。相手の思わぬリアクションを不可思議に思う前に、信頼関係の構築を優先しましょう。逆に、信頼関係が十分でない相手には、たとえ善意であっても、あらゆる言動に慎重であるべきです。意図せぬパワハラは、こういうときに生じるものです。_n

038

小さなミーティングを。

業務のすきまにちょっと時間をつくり、リーダーから働きかけて、「小さなミーティング」をしましょう。会議室はいりません。立ち話でも、コーヒーを飲みながらでも、十分です。大切なのは顔を合わせて話をすることなのですから。きめ細やかなコミュニケーションをとっていれば、チームに起こる小さな問題は自然と解決していきます。
_m

課題を要約する。

チームの目の前に突きつけられているのは、課題なのかタスクなのかを、いつも意識するように心がけましょう。仕事というのは細かいタスクに引っ張られるもので、大きな課題ほど見失いがちです。リーダーがまず、「本来の課題は何か」と確認し、それをシンプルにわかりやすく要約する。それをチームに伝えて、しっかり共有しましょう。繰り返し指差し確認することで、道に迷わなくなります。_m

木の上から眺める。

議論は大切なことですが、リーダーなら議論に没頭しすぎてはいけません。感情的にならず、言葉の強い人に引っ張られず、好き嫌いで判断せず、その場の勢いに流されないようにする。そんな客観性がある議論にするのがリーダーの役割です。チームが議論する様子を、空から俯瞰するのは遠すぎるので、「木の上から眺める」くらいの距離感がちょうどいいでしょう。いつでも降りていけるように。_m

アイデアを照れない。

どんなに小さくても、少し恥ずかしいようなことでも、ためらわずにアイデアを出し合える。最強のチームとは、そんなチームです。一人が照れずに発言したら、みんなが真摯にそのアイデアについて話し合って、大きなアイデアへと広げていく。「思いついたら、なんでも言っていいんだ」と全員が思えるような環境づくりが、アイデア豊かなチームづくりにつながります。_m

雑用も楽しく。

楽しくて、誰もがやりたがる仕事というのは、全体の業務の一部にすぎません。組織においていは、たくさんのルーチンワークが発生します。面白みのない雑用ですら、魅力的な仕事に変えてしまうのが、リーダーの腕の見せどころ。より良い方法を発案する、成果を高く評価するなど、押し付け合うのではなく、前向きに取り組めるよう演出するのです。_n

理解には、時差がある。

気に入ったアイデアを思いついたら、たくさんの人に話していきます。ほとんどの人が理解できなくても、たった一人、理解してくれる人がいれば、もう十分です。全員に理解してもらうなんて思わずに、すぐに始めましょう。理解というのは、「時差」があります。放っておいても、後から追いかけるように理解者が増えていくものです。
_n

目的地だけ、しっかり決める。

このチームはどこへ向かっていくのか、繰り返しゴールを確認しましょう。ゴールさえ明確であれば、そこまでの道のりが各自ばらばらでも、到達できます。逆に、途中の仕事の進め方は、あまり口を出さずに。目的達成のため、どのようなルートを取るべきか、各自に任せてみましょう。メンバーが自分で考え、悩むほど、成長が早まります。
_n

フェアな評価を。

チーム全員を、フェアに評価しましょう。「△か○か◎か」はその時の状況によりますが、基本的に「このチームに×は一人もいない」という目でメンバーを見ていきましょう。すべての評価はプラス思考。好き嫌いでなく、相手の人間性をとらえて評価をする。チームひとりひとりに対してフェアであることは、リーダーの基本姿勢です。
_m

046

意思の強さを優先する。

自分の手で成し遂げたいと、強く思うこと。意思の強さは、人事や採用において、もっとも信頼できる評価のものさしです。仕事に対して、混じりっけのない気持ちで没頭できる人は、すべてのことを「自分ごと」として捉えます。経験が不十分でも、意思さえ強ければ、先輩たちをあっという間に追い抜くことでしょう。人を見る時は、まず意思の強さを見るように。_n

047

身の丈に合ったチャレンジを。

優秀な人を増やしたいと、リーダーの誰もが考えますが、全員がエースになれるわけではありません。期待しているとはいえ、身の丈を大きく超える課題や報酬を与えると、その人を押しつぶしてしまいます。成長を願う気持ちは一旦そばに置き、その人の身の丈の範囲で、現実的に達成できるチャレンジを用意してあげましょう。_n

文句を言う人を、大切に。

どんなことにも、いつも文句ばかり言っている人がいます。面倒な人だと感じてしまいますが、文句を言うというのは、意外とパワーがいるもの。なぜ文句を言っているのか、注意深く聞いてみましょう。実はとんでもないアイデアや、愛情の持ち主であったりするものです。良いきっかけやパートナーがいれば、イノベーターに生まれ変わるかもしれません。_n

探すのは愛情不足。

アイデアを考え抜く日々の中で、仲間と共有するべきことは、愛情不足を探す意識です。どんなもの、どんな場所、どんな時でも、どんな人に対しても、ああ、ここに愛情が足りてないな、と思うところは必ずあるのです。部屋の片隅の掃除されていない一角、気づきにくい機能など、こうすればもっと良くなるのにという感覚を逃さないことです。みんなで見つけた愛情不足を、仕事に変換するのがリーダーの役割です。_m

仕事上手は、休み上手。

スタートアップにハードワークは付きものですが、体を休ませるのもリーダーの責務です。一昔前のような「寝ないでがんばる」は、何の美徳にもなりません。寝ないで成功した人は、その後も心身を酷使することで、成功を維持しようとします。アイデアを生み、仲間に優しく接するためには、健全な心身が欠かせません。優秀なリーダーは、仕事と同じくらい、休み方も上手なものです。
_n

絶望したら、今できることだけを。

全てが行き詰まったと思える時が、いつかあるかもしれません。積み上げた努力が無意味となり、一切の希望を失うのは、つらいことです。絶望の淵から一気に取り戻そうとすると、あまりの先の長さに、さらに苦しむことになります。そんなときが訪れたら、今できることだけを考えましょう。欲ばらず本当に小さいことから、目の前のことを動かすのです。決して立ちすくんではいけません。そのひとつひとつがまた、確実に未来につながっていくのです。_n

052

弱い人が強い。強い人が弱い。

世の中や会社やチームの仲間について、「強い・弱い」だけで判断してはいけません。弱者と呼ばれる立場の人が秘めた、根っこの強さ。無敵に思える強い人が抱えている、一点のもろさ。「弱い人が強い、強い人が弱い」というように、視点をクロスさせて人を見てみましょう。裏側までしっかり見つめると、自分はその人に何をしてあげられるか、その答えが浮かんできます。_m

「人の痛みを感じるアンテナ」を立てておく。

元気に働いていたとしても、人は誰しも、何かを抱えています。「元気ではありません」と表明する人や、「心の痛みを抱えています」と訴えてくる人ばかりではないのです。ひとりひとりが抱えている、弱さ、疲れ、病い、痛みを感じ取るアンテナを、ぴんと立てておきましょう。思いやりややさしさは、どんなに厳しい仕事をしていようと、失ってはいけないものです。リーダーならなおさらです。_m

054

短く叱り、たっぷりほめる。

叱るときは、できるだけ短くシンプルに。相手が若い人であっても、メンツを潰さないように注意して叱りましょう。そのあとは、いいところを見つけて、たっぷりほめましょう。相手が自信のない若い人だったら、たくさんほめて、「絶対に大丈夫だ」とはげましてあげましょう。_m

接客と生産と発明。

どんな仕事でもその先には人がいると忘れないこと。すなわち接客。一日に何かひとつでもよいから、目に見えるかたちにする生産。毎日を費やすのではなく生産するんだという意識です。また、もっとよくするためや、もっと喜ばれるための発明を毎日のように生み出し、行動に移すこと。リーダーはつねに、自分たちが毎日何をするべきなのかを、仲間たちと指差し確認するべきです。
_m

みんなで航海する。

「自分がリーダーでみんなを引っ張って動いている」と思っていても、仕事のスケールが大きくなれば、その関係性は変わります。自発的に動いてくれるみんなを、サポートすることがリーダーの仕事です。信頼しながら、フォローも忘れずに、任せていきましょう。漕ぎ手が一人の「小さなボート」ではなく、「大きな船」をみんなで漕いで、大きな海を航海しましょう。_m

よきリーダーは、経営しない。

目標に向かって、チームの誰もが自走する。リーダーは、もはや経営しなくていい。それが、経営の究極的なゴールです。リーダーが現場にあれこれ手出しをしていたら、現場は成長していきません。リーダーに依存する組織は、リーダーが関与できる範囲までしか、大きくなりません。よきリーダーとは、経営における自分の役割をいかにして減らすかを考えるのです。_n

矛盾した性質を併せ持つ。

草原のシマウマのように、誰よりも早く危険に気づくこと。リーダーは、臆病者であることが大切です。足元が不安な橋の上でも、平気な顔をして笑っていられること。リーダーは、驚くほど楽観的であることが大切です。臆病さと楽観さのように、矛盾した性質をいつも併せ持てるようにしましょう。_n

怒りに意味はない。

怒ることは、誰だって禁じ得ないもの。けれども怒りという感情は、ずっと長くは続かないのです。それならば、怒ったら負け。やがて消える感情に任せて、道を選んだり、人を評価したりするのは、実に意味がないことです。_n

毎日「わかってもらう努力」を。

チームに理解されているリーダーになりましょう。そのために必要なのは、「わかってほしい」と求めるのではなく、自分からわかってもらうように努力することです。毎日、リーダーのほうから進んで、自分の興味、課題、目標、不安について話すようにしましょう。立場に関係なく、あらゆる人に対して自分について語り、わかってもらう努力をしましょう。_m

顔の点検を。

毎日、自分の顔をよく見て、観察することも、たいせつな身だしなみのひとつです。肌が荒れていないか、健康的なのか、むくんでいないか、よく点検し、何かあれば、食生活や、仕事の仕方、生活習慣を改善しましょう。仕事とは、人に会うことでもあります。ですから、いつも自分の顔を点検し、清潔に磨いておくことが大切です。_m

社会人としてのマナーを。

マナーと礼儀作法をしっかりと身につけましょう。会社の中だけでなく、電車の中や、公共の場、外食先など、仕事から離れた時も、一社会人としての、きちんとした立ち居振る舞いに気づかいをするべきです。あなたの評判は、あなたの会社、あなたの仲間、あなたの仕事を力強く支えてくれるのです。_m

自分ができないことは、
部下に求めない。

自分が結果を出せなかったことを、部下に要求してはいけません。それは部下への期待ではなく、リーダーとしての責任の放棄です。自分の弱さや不出来を部下に押し付けていては、チームはやがて離散します。困難な仕事ほど、リーダーが率先して手がけるからこそ、部下はその姿から学べるのです。_n

毎日が初日。

毎日毎日、「今日が最初の日」という気持ちでいましょう。ベテランになればなるほど、新入社員の新鮮さを保ちましょう。たとえ昨日のアイデアが最高であっても、それは昨日のことです。今日になったらそれを疑ってみて、新しいアイデアを生み出す。こうやって日々、自分をアップデートし続けましょう。「毎日が初日」をモットーにしましょう。_m

市場調査ではなく、信念で動く。

ニーズがあるかなんて、実際にやってみない限り、わかりません。売れる理由など、どこを探しても見つかりません。事前に市場調査をして、「成功するのがわかってから」行動したがる人がいますが、それはやらないための言い訳です。大切なのは調査ではなく、自分がそれを信じているかどうか。これが最も重視される、行動理由であるべきです。_n

大きな決断は、自分ひとりで。

大きな決断をする時は、誰でも悩みます。そんな時に最後に頼れるのは、結局、自分ひとりです。誰かにアドバイスを求めても、悩みが深くなるだけ。他人の助言に従って失敗したら、どれほど後悔するか想像しましょう。結果に固執しなければ、きっと自分で決められます。どんな結果であっても、それが自分の実力ということ。自分で決めて、受け入れるしかないのです。_n

067

追い風の中で、はじめよう。

事業を始めるとき、どんなことを考えるでしょうか。ビジネスは、ヨットで海を航海するようなもの。市場がどんどん伸びていくという「追い風」を味方にすることが大切です。追い風が吹いている市場なら、多少の失敗はすぐに帳消しに。自分のチャレンジが追い風に乗りそうかどうか、最初に見極めましょう。_n

068

減らないもの、
なくならないものを、つくる。

お金でもモノでも、使えば減っていき、やがてなくなってしまいます。次々と作っては消費してしまうのは、どこかさびしい営みではないでしょうか。これからの時代につくるべき価値は、減りもせず、なくなりもしないものです。それどころか、生み出したものが自然と増えていく。これからの時代は、そんなものづくりを考えていきましょう。_m

素人だから、チャンスになる。

その世界にどっぷり浸かっていると、不合理や矛盾も、当たり前のこととして身に染み付いてしまいます。経験が深まるほど、問題に鈍感になっていきます。その道のプロにとっては常識であっても、素人には大きな違和感に。それがすなわち、ビジネスチャンスです。多くのイノベーションは、素人によってもたらされてきたのです。_n

070

アイデアとアイデアを
くっつけてみる。

そのアイデアは、ぽつんと一つだけだと、弱いものかもしれません。すでに世の中に存在するものかもしれません。でも、そんなアイデアとアイデアをくっつけてみると、新しい方法が生まれます。「おいしいカレー」を考えるのではなく、「カレー」というアイデアに「パン」というアイデアを足して「カレーパン」を発明するようなものです。アイデアとアイデアを、くっつけて実験してみましょう。_m

工夫、発案、自己否定。

いつも「工夫」をし、それをかたちにする「発案」をする。これがアイデアあふれる人になる秘訣です。ただし、時には、「自己否定」もしてみましょう。工夫と発案というたき火の炎が消えそうになったら、「ほんとうにそれでいいのか？ もっといい方法があるのではないか？」と考え、自己否定という息をふーっと強く吹きかける。すると炎が再び燃えあがり、アイデアが蘇ります。
_m

残るのは本物だけ。

流行には圧倒的な力があるから、多くの人がそれに惹かれてしまいます。短い期間で驚くような数字をあげるので、自分の仕事にも「流行りの味付け」をしたくなります。でもそれは、まもなく過ぎゆくもの。広く愛され、長く残るものは、本質的に必要とされるものだけです。なくても困らないような流行りものは、眺めて楽しむくらいにしておきましょう。_n

どんな壁にも、必ず突破口がある。

仕事や人間関係で大きな壁に出会っても、それはたいてい、人の手によって為されたもの。天災のような自然現象と違って、人が為したものには、必ず穴があり、突破口があります。自分より遥かに大きな存在に立ち向かう時、勝てる要素が見当たらない時、思い出しましょう。「いかに大きくとも、相手も人間。突破口は必ずある」と。_n

ネガティブな意見は宝物。

自分の考えや行動について、必ず批判や反対意見はあります。それを押さえ込みたい、聞こえないふりをしたいというのも自然なことです。しかし、批判にこそ改善のヒントがあるし、反対意見をいう人は鋭く本質を見てくれています。ほめ言葉は誰にとってもうれしいものですが、本当に価値がある宝物はネガティブな意見です。「良薬は口に苦し」というように、苦い言葉であるほど、仕事に効くのです。_m

一番わがままな客になる。

自分が携わっている仕事については、あえて一番わがままな客になりましょう。シビアにチェックし、クレームを言う厳しいお客様になったつもりで、自分で自分の仕事を点検するのです。実際のお客様は気づかないであろうことも、「自分というわがままな客」は気がつかねばなりません。そうすればみんなが気づく一歩前にエラーを改善したり、もっと良いサービスにすることができます。_m

まずは相手の得を考える。

自分の得を後回しにできる人こそ、本当のリーダーです。チームのメンバーに対しても、取引先やお客様に対しても、「この仕事をして、相手の得は何だろう」といつも意識し、それを実現するように努力しましょう。たとえばミーティングをしたら、「今日は何を持って帰ってもらおうか？」と考える。プロジェクトなら、「相手を生かし、成長させられる課題とは何か？」と考える、というように。_m

足りないからこそ、成長する。

伸びていく組織では、仕事の量に対して常に人手やお金が足りないもの。限られたリソースで仕事をこなすからこそ、不足を補うために、たくさんの知恵が生まれます。やみくもに人やお金を集めると、えてして雑になるものです。足りないくらいが、一番成長できるということを覚えておきましょう。_n

答えは現場にある。

課題解決の糸口を探るなら、真っ先に現場に触れてみることです。営業や生産の現場にいる人々は、毎日のように問題に直面しています。どうすればいいかを、日々切実に考えています。現場とは、「"現状"、その"場"にある課題」の略語みたいなもの。ポジションが上がって現場から離れると、課題からも遠くなります。現場は、外部の専門家などよりもはるかに多くのことを教えてくれる存在です。_n

情報ではなく、感動を。

どんなに情報があふれていても、「これに感動した」という経験は、自分だけが手にした、オリジナルの情報です。貴重な一次情報といってもいいでしょう。だからこそ、世の中の情報を集めて発信するのではなく、自分自身がたくさん感動し、それをもとに感動を発信しましょう。自分をひとつのメディアにして、そんな「感動発信」を基本としましょう。_m

伝えることを楽しもう。

仕事とは、困っている人を助けること。そのために何かをつくって、たくさんの人に伝えることです。だからこそ、どれだけ楽しんでもらえるかが重要です。楽しんでつくり、楽しんで伝えましょう。受け取る側に、その楽しさが生き生きと伝わるように。楽しんでいる人のところに、人は集まってくるものです。_m

「はじめ・まんなか・おわり」。

伝え方の基本は「はじめ・まんなか・おわり」を明確にすることです。この三つが自分の中で整理されていたら、どんな話であってもきちんと伝わります。相手によって、パズルのように三つを入れ替えてもいいでしょう。若い人には「はじめ」からスタートし、基本どおりに伝えてゆっくり理解してもらう。忙しい人には「おわり」の結論から伝えて、はっきりと印象的に理解してもらう。相手に合わせて工夫しながら伝えましょう。_m

自由であり続けること。

誰もが求める「自由とは何か」を考えてみることは大切です。好きなように、なんでも思うままにできることが自由ではないのです。自由とは、どんなことにも恐れない自分でいるということ。そして、良識と良心を持っていることです。仕事において自由であることは、最大の力になります。
_m

リーダーだから、失敗できる。

リーダーであることのメリットとは、何でしょうか。それは、失敗できるということです。結果の責任が自分に帰するということは、許す権利もあわせ持つということです。だから、失敗しても自分を許すことができるし、あまりにひどい場合は自分で責任を取ればいいのです。失敗できるという特権をいかして、リーダーは誰よりも勇敢にチャレンジしましょう。_n

マーケティングとは、
「誰よりも自分で考え、悩む」こと。

データを分析したり、お金をかけて露出を増やしたりすることは、マーケティングの基本テクニック。誰でもできることなので、すぐに効果を失います。セオリーにとらわれず、まずは顧客のために、誰よりも真剣に悩みましょう。商品に関しては、誰よりも詳しくなりましょう。顧客の真のニーズに気づき、商品の真の価値を再発見してこそ、最良のマーケティングを行えるのです。_n

085

ありあわせで仕事をしない。

効率やコスト改善を考え、仕方がない「ありあわせ」や「ついで」で、仕事をしてはいないでしょうか？　それで経費がおさえられたとしても、そこからクオリティが高いものは生まれません。決して自己都合で仕事をしないように。必要なお金と時間と人材を惜しむことは、くれぐれも慎みましょう。_m

ケチより、シビアに。

お金は大切なものだから、大切に使いましょう。「大切に使う」とは、ケチにはならず、シビアに使うということです。「このお金で人を幸せにできるのか」「上質で文化的なものを生み出せるか」と、お金の使い道をシビアに自分に問い、答えがノーならもう一度考える。答えがイエスなら、惜しみなく使いましょう。_m

087

人が自然と集まってくる
仕組みづくり。

自分たちの仕事に、人が自然と集まってくるような仕組みをつくること。それこそ、事業になるか、ただのプロジェクトで終わるかの分かれ道です。人を「集める」のではなく、人が自然と「集まってくる」という仕組みを生み出していきましょう。
_m

088

人と人をつなげる。

人と人をつなげて、新しい輪をつくりましょう。たとえ自分には直接のメリットがなくても「この人とこの人を会わせたら、面白いだろうな」と思ったら、進んでつなげましょう。自分もそうやって誰かにつなげてもらい、仕事やひらめきをもらっているのです。困った時に助けてくれるのは、きっとつながっている誰かです。つなげたり、つなげてもらったりして、人の輪をつくりましょう。
_m

人への投資は、お金より機会を。

会社にとって、人は財産そのものです。給料や福利厚生を増やしたり、研修を充実させたりと、人への投資は欠かせません。しかし金銭的な投資だけでは、人は意外と伸びないもの。成長の糧となるのは、お金よりも「機会」です。扱ったことのない金額の予算、おこなったことのない交渉、普段会えないような人との出会い。本人の力では作ることができないような機会を、会社が出し惜しみなく、用意するのです。_n

困った人の側に立つ。

困った人の側に立った生き方を学ぶ。決して忘れてはならないことです。世の中の人はみな、自分を含めて、皆困っている人です。程度の差はあるものの、弱さを抱え、困ったり、我慢したり、不安を抱えています。みんなの弱さを「自分のこと」として考えると、今、何をするべきかがわかります。_m

口はかたく。

男女を問わず人に好かれたいなら、条件はたった一つ。「口をかたくする」です。信頼される条件としても「口のかたさ」は重要で、「一言多い」という人は、たいてい損をします。親しき仲にも礼儀ありと言うように、相手と親しくなればなるほど、言葉を慎みましょう。何か聞いても、不用意にもらさないようにしましょう。_m

悩んだ時、迷った時の
「出口」を作る。

「悩む」と「迷う」は、いずれも心が揺らぎますが、本質的には違うもの。悩みとは、本当に答えが見つからない状態です。根本的に解決できないから、「もう悩まない」と自分で決めてしまえば、そこが出口です。迷いとは、いくつもの選択肢から選ぶことができない状態。迷ったら、選択肢がたくさんあることを喜びましょう。それでいて選ぶことができないなら、どれも似たようなものと思って、さっさと決めて出口に向かいましょう。
_n

アウトプットの「あと」が仕事。

アウトプットしたその「あと」を、点検する習慣をもちましょう。どんな仕事も、「何かをつくって終わり」とはなりません。つくり出したあとがはじまりです。そこから改善を続けてこそ、仕事の質は高まり、自分も成長できます。生み出したものに対して「これでいいのか」という疑問を忘れず、改善を怠らない。_m

大きくなるほど、小さく見せる。

能力が高まり、実績を重ねていけば、自分の存在感は大きくなっていきます。何事もうまくいっていると思いきや、そういう時こそ、思わぬ反発にあうものです。自分がいかに正しくとも、それを疎ましく思う人がいるというのが世の常。うまくいっているな、と思ったら、ますます謙虚に、慎重に。_n

負けながら勝つ。

リーダーにふさわしいのは、「時には負け、時には勝つ」という働き方です。相手を尊重し、受け入れながら、自分の目標を果たしましょう。「勝ってばかり」という働き方は、どこかバランスを欠いています。また、負け知らずの人の陰には、どこかで泣いている人がいます。誰かを泣かせるような勝利は、いくら大きくても、すぐにこわれてしまう、もろいものです。負けながら勝ち、自分らしい勝利を手にしましょう。_m

逆境が本番。

足もとをすくわれたり、落とし穴があったり、トラブルが起きたら、そこからが本番です。それまではいわばウォーミングアップなのです。困ってからがスタート。たとえば、相手から断られてからがスタート。冷静に自信をもって、「逆境という本番」に臨みましょう。_m

目線を上げて解決する。

仕事で問題を抱えてしまったら、休みをとったり、趣味を楽しんだりして、リフレッシュしましょう。けれども、仕事の悩みは、仕事の問題を解決しない限り、消えることはありません。そんなときは目線を上げて、より大きな仕事に取り組みます。大きな結果を出すことができれば、小さな問題は消えていきます。一皮むけて、何であんなことにつまずいていたのかと、思えるようになるでしょう。_n

最後の一人になっても逃げない。

「最後の一人になってもやりとげる」という覚悟。「絶対にあきらめない」という気持ち。リーダーならこの二つを、そっとポケットに忍ばせておきましょう。人に見せる必要はありません。自分でそっと確かめた時、たしかにポケットにあればいいのです。気を抜かず、恐れることなく、「このプロジェクトから絶対に逃げない」という気持ちを抱きつづけましょう。_m

099

逃げずに楽しむ。

「もうやめたい」。リーダーは時として、そんな気持ちを抱く苦難に向き合います。たくさんの責任があり、逃げ場がないからでしょう。お客様の期待にこたえ、クライアントの信頼を守り、チームのメンバーの人生をこわさないように踏ん張りつづけるのは、並大抵のことではありません。しかし、どうせ逃げられないなら、逃げたい気持ちは全部捨てて、苦難も学びと捉えれば、おおいに楽しむことができるのです。_m

あなたのきほん100

001

002

003

004

005

006

007

008

009

010

011

012

013

014

015

016

017

018

019

020

021

022

023

024

025

026

027

028

029

030

031

032

033

034

035

036

037

038

039

040

041

042

043

044

045

046

047

048

049

050

051

052

053

054

055

056

057

058

059

060

061

062

063

064

065

066

067

068

069

070

071

072

073

074

075

076

077

078

079

080

081

082

083

084

085

086

087

088

089

090

091

092

093

094

095

096

097

098

099

100

松浦弥太郎（まつうら やたろう）
エッセイスト、クリエイティブディレクター。2005年から2014年まで「暮しの手帖」の編集長を務める。2015年、クックパッド（株）に入社。「くらしのきほん」編集長を経て、（株）おいしい健康・共同CEOに就任。

野尻哲也（のじり てつや）
2004年に（株）UNBINDを設立し、代表取締役就任。2016年、クックパッド（株）からのMBOを経て、（株）おいしい健康を設立し、共同CEOに就任。

はたらくきほん100
毎日がスタートアップ

2017年9月21日　第1刷発行
2022年5月11日　第4刷発行

著　　者　松浦弥太郎、野尻哲也
発行者　鉄尾 周一
発行所　株式会社マガジンハウス
〒104-8003　東京都中央区銀座3-13-10
書籍編集部　☎03-3545-7030
受注センター　☎049-275-1811

印刷・製本　大日本印刷株式会社

©2017 Yataro Matsuura, Tetsuya Nojiri
Printed in Japan
ISBN978-4-8387-2956-2 C0095

乱丁本・落丁本は購入書店明記のうえ、小社製作管理部宛にお送りください。送料小社負担にてお取り替えいたします。但し、古書店等で購入されたものについてはお取り替えできません。定価はカバーに表示してあります。
本書の無断複製（コピー、スキャン、デジタル化等）は禁じられています
(但し、著作権法上での例外は除く)。断りなくスキャンやデジタル化することは著作権法違反に問われる可能性があります。

マガジンハウスのホームページ　https://magazineworld.jp/